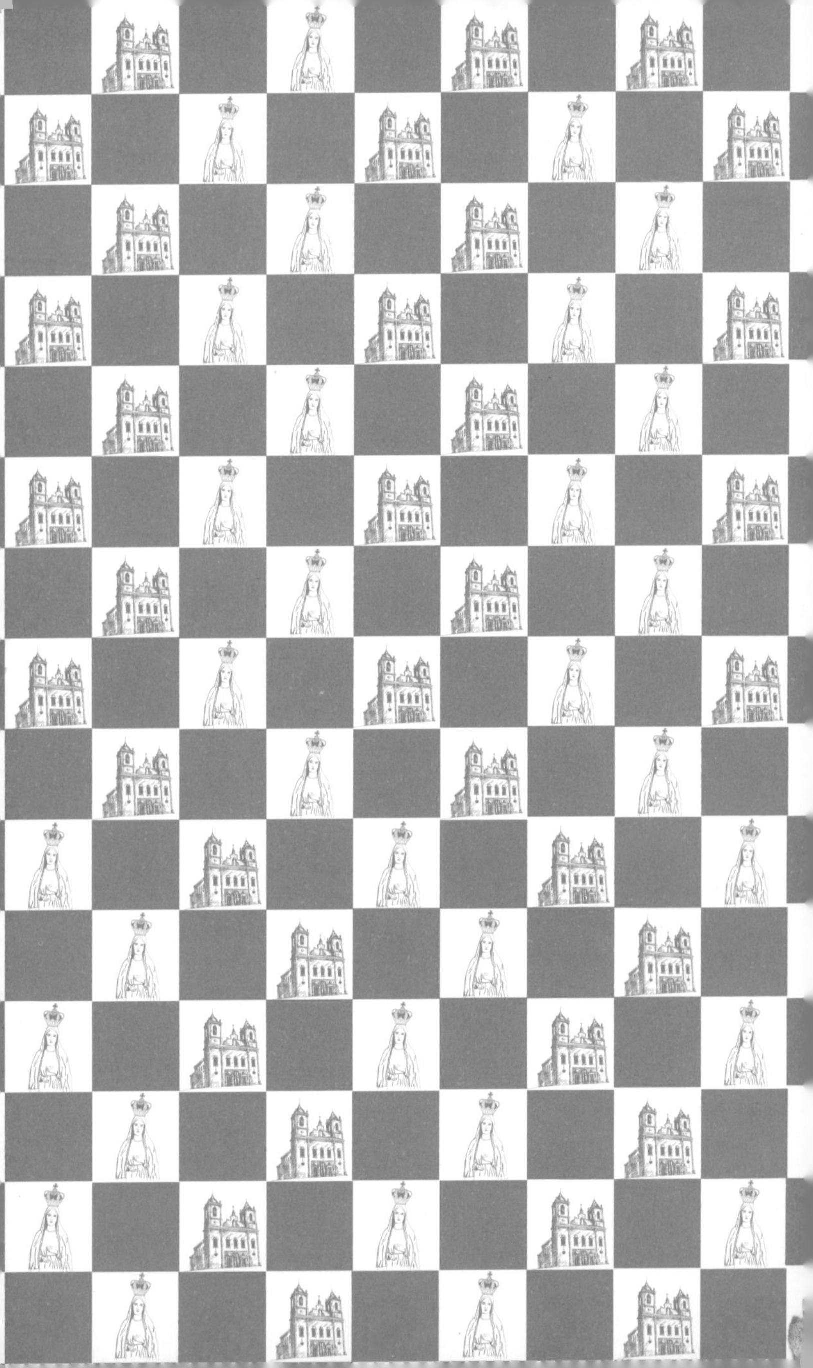

LADAINHA
DE NOSSA SENHORA DO BRASIL

Copyright © 2016, Mabel Velloso

Todos os direitos reservados e protegidos
pela Lei 9.610, de 19/2/1998.
É proibida a reprodução total ou parcial sem a
expressa anuência da editora.

Este livro foi revisado segundo o Novo Acordo
Ortográfico da Língua Portuguesa.

Projeto gráfico, capa e ilustrações
Leandro Dittz

Revisão
Fernanda Cardoso
Maria Cristina Jeronimo
Mariana Bard

Dados Internacionais de Catalogação na Publicação (CIP)
Angélica Ilacqua CRB-8/7057

Velloso, Mabel

Ladainha de Nossa Senhora do Brasil / Ladainha de Nossa Senhora de Santo Amaro
/ Mabel Velloso.
— São Paulo: LeYa, 2016. 48 p. Il.

ISBN 978-85-441-0399-9

1. Ladainhas 2. Maria, Virgem, Santa - Meditações I. Título

16-0175   CDD 242.74

Todos os direitos reservados à
LEYA EDITORA LTDA.
Av. Angélica, 2318 – 13º andar
01228-200 – Consolação – São Paulo – SP
www.leya.com.br

Neste singelo volume, cabe o amor maior do mundo e a fé no Brasil. Mabel Velloso nos brinda com duas ladainhas-poema para Maria, Nossa Senhora, Mãe de todos nós.

A primeira, do Brasil, da festa e da falta, do desejo de um futuro mais bonito; a segunda, da Bahia – onde tudo começou –, na cidade de Santo Amaro da Purificação, a refundação que se deu no ventre de D. Canô. Que seria de nós sem a fé em Maria?

Aqui, passado, presente e futuro estão trançados nas palavras de Mabel e na fé de todos nós. Nossa Senhora, rogai por nós.

Nota do editor

"Dai-nos a benção, ó Mãe querida,
Nossa Senhora Aparecida"

Nossa Senhora, Nossa Maria
Com poesia quero rezar
Pedindo muito pelo Brasil
Escuta a prece que faço aqui
Pois tudo é Teu, Doce Maria
Só a Senhora pode ajudar.

Olha o mundo que anda triste
Com tanta guerra e violência.

Olha o povo que caminhando
Pede e espera Tua clemência.

Nossa Senhora Aparecida,
Olha o Brasil e guarda-o
No Teu agrado, no Teu carinho
Protege a Terra inteira
Protege cada caminho.

Maria de todos nós
De todos os nossos dias
Maria das tempestades
Maria das calmarias
Maria das caravelas
Vindas de Portugal
Cuida da nossa Terra
Livra-nos de todo o mal.

Maria do Amazonas, do São Francisco
Dos rios todos que molham
As terras deste Brasil.

Maria do mar bonito
Cheio de anil e brilho
Maria de cada praia
De cada estrada ou trilho.

Maria de Paulo Afonso
Maria das Sete Quedas
E de tantas cachoeiras
Que cantam em nossa Terra.

Maria das grandes pontes
De Recife e Niterói
E também das pequeninas
Pinguelas de todos nós
Maria de túneis e ruas
De praças e avenidas
De viadutos e becos
Dos portos, do cais, do mangue.

Maria do chão batido
Da terra seca, rachada
Maria do nosso sangue...
Senhora da Alvorada
Senhora de toda noite
E de toda madrugada.

Maria do céu cinzento
E do azul do firmamento.

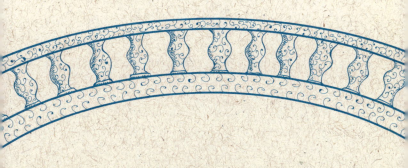

Maria do Pantanal
Com aves bem coloridas
Do voo do tuiuiú
Do canto do irapuru
Do grito do carcará
E da voz do sabiá...

Maria de tantas cores
Espalhadas pelas flores
No litoral, no Serrado
Maria dos bem-me-queres
Das rosas, dos mimos-do-céu
Das hortências, das margaridas
Das vitórias-régias, dos jasmins
Maria de toda árvore
Da grama verde e do capim.

Maria de tantos frutos
Cheios de doce sabor
Maria da terra fértil
Maria do nosso amor.

Maria dos vencedores
Maria dos derrotados
Na vida e no futebol.

Maria da alegria, da vitória
Dos babas em dia de sol.

Maria do Fla x Flu, do Ba x Vi
Pacaembu, Fonte Nova, Beira-Rio
Maracanã, Morumbi.

Maria de tanta fila
De tanta falta e vazio
Maria do nosso frio
Da geada, da garoa
Maria da trovoada, do raio, do arco-íris.

Maria dos bancos cheios
E dos mínimos salários
Maria de gente simples
Dos doutores, dos profetas
Dos cantores, dos atores, dos poetas.

Maria das igrejas
Dos sobrados com azulejos
Dos engenhos, das senzalas
Dos enterros e das festas.

Maria da lágrima, do riso
Maria de quem preciso
Pra chorar e sorrir
Maria do verbo "amar"
Do benquerer, do servir
Maria de Aleijadinho
E do Mestre Vitalino
Do barroco, das carrancas
Do barro, das esculturas.

Maria das cirandeiras
Das rendeiras, cozinheiras
Dos vaqueiros, pescadores
Dos motoristas de caminhão
Dos pilotos, dos marinheiros
Dos ricos, dos sem tostão.

Maria de cada casa
Maria de cada mesa
Onde nem sempre tem pão.

Maria da Candelária
Da dor de cada cidade
Da fumaça e da poluição.

Maria dos Três Poderes
E de tantos desvalidos
Maria da nossa ajuda
Maria de tanta crença
E de muita esperança
De um povo cheio de fé
Que espera benção e axé.

Maria de um povo bamba
Que na escola de samba
Esquece o real, o dólar
E brinca de ser feliz.

Maria do povo forte
Que corre de Sul a Norte
Buscando paz e prazer
Sem medo de se perder.

Maria de cada homem
E de todas as Marias
Da garota de Ipanema
Da mulata da Bahia
Das raças todas unidas
Buscando vida melhor
Uma vida mais serena...

Maria do frevo, do samba
Do maracatu, do balé
Do congado, da ciranda
Do forró, do arrasta-pé.

Maria do povo alegre
Que canta e dança com fé.

Dos museus e dos conventos
Das festas religiosas
Das romarias à Penha
Do Círio de Nazaré
Das procissões pelas águas
Da lavagem do Bonfim
Maria Mãe do Rosário
Maria da Conceição
Maria do chimarrão
Do açaí, da cajuína
Do café, do chocolate
Do caldo de cana doce
Do melaço, do quentão
Da ginga com tapioca
Da farinha com feijão.

Maria das praias e das caatingas
Das dunas e das piscinas
Dos mangues e das restingas
Dos morros e das palafitas
Das colinas e dos arranha-céus.

Maria lá da favela
Maria lá da mansão
Maria do Corcovado
Maria do Pão de Açúcar
Maria do coração.

Maria do sempre, do agora
Do ontem, do amanhã.

Maria da melodia
Do ritmo, da harmonia
Do piano, do pandeiro
Do violão seresteiro.

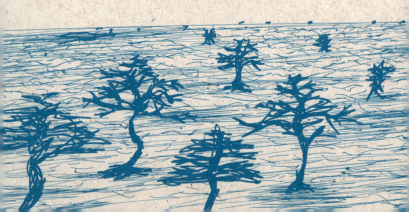

Maria de cada palco
E de todo picadeiro.

Maria de todo brilho
Dos artistas da TV.

Maria do abecê
Dos livros que estudei
Daqueles que sabem ler
E de cada analfabeto
Que nem conhece a história
Do sapo que virou rei...

Maria das livrarias
Da internet, do avanço
Do passado e do presente
Da saudade e da alegria.

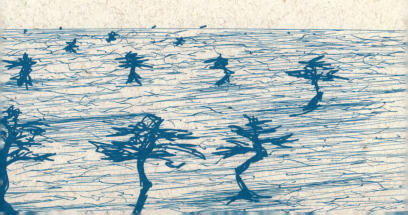

Vem, ó Doce Maria,
Olha o índio sem a taba
Sem a tribo, sem amor.

Olha o negro injustiçado
Mesmo sendo libertado
Vive ainda acorrentado
Sem trabalho, um sofredor.

Olha cada criança
Cantando roda com medo
Sem boneca, sem brinquedo
Temendo a vida, o amanhã.

Olha o velho sem amparo
Nas filas da vida vã...

Olha cada um de nós!
Sê Mãe de cada filho!
Vem, nos bota no Teu colo
Canta canção pra embalar
Um futuro mais bonito.

Ensina-nos a amar
Cada homem como irmão
E que possamos em breve
Viver com a paz no coração.

Amém.

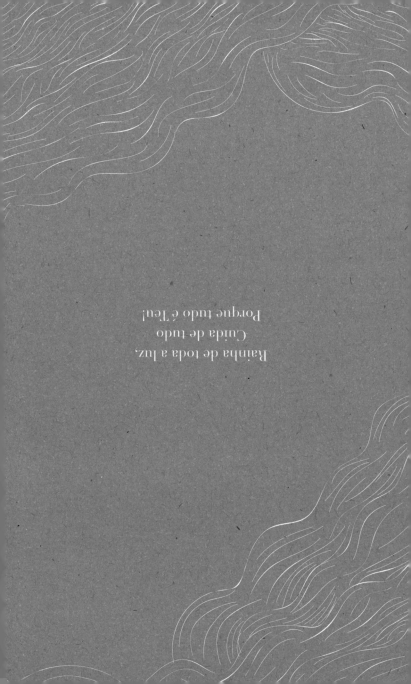

Rainha de toda a luz,
Cuida de tudo
Porque tudo é Teu!

Maria do meu passado
Do meu futuro também
Maria da vida toda
Maria que eu quero bem
Maria de escolas pobres
De crianças sem brinquedo
Maria do nosso medo
Maria de analfabetos
Maria do abecê.

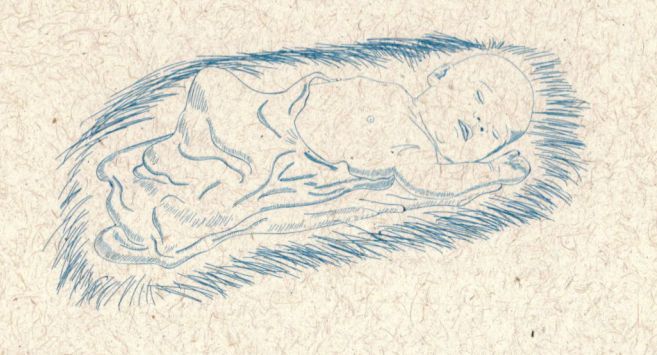

Maria das chegadas
E também das despedidas
Maria de tantas vidas
Maria dos hospitais
Dos médicos, das enfermeiras
Maria do nunca mais
Maria do cemitério
Maria do sempre, do agora
Maria de toda hora

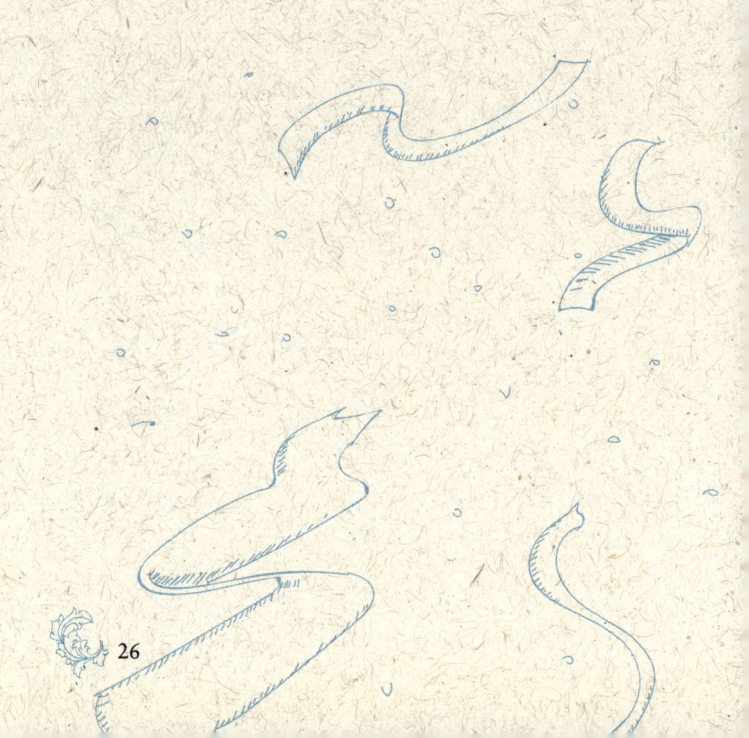

Maria de todo sonho
Maria do meu motriz
Maria das arraias
Que voam soltas no céu
Maria do chafariz
Maria da música, da harmonia
Dos pratos, dos pandeiros
Das festas de fevereiro.

Maria da baronesa
Maria do "lindo amô"
Maria da prefeitura
Da rua do Imperador
Do Convento dos Humildes
Da maternidade, das pontes
E da estação do trem
Que passa e apita tristonho.

Maria dos sinos plangentes
Maria das torres acesas
Da palmeira solitária
Que o raio não cortou.

Maria dos seresteiros
Dos cantadores, poetas
Maria das voltas na Praça
Das conversas no Senado.

Maria dos meus amores
Dos meus sobrados tristonhos
Dos meus mais doces sonhos
Do primeiro namorado
Maria lá do mercado
Da farinha bem branquinha.

Maria da lira, do Apolo
Do Botafogo, do Ideal
Maria do Bacurau
E dos Amantes da Moda
Das quadrilhas animadas
Dos ternos e sambas de roda
Do maculelê, da capoeira e do baile pastoril
Maria dos pescadores
Do catador de mapé
Das cordas de caranguejos.

Maria da esperança
Da ternura, do alento
Maria até do tormento
Da dor, de muita saudade
Dos coretos, dos cinemas.

Maria de todo dia...

Maria de cada noite...

Maria das procissões
Das festas, das romarias
Dos cânticos, da alegria.

Maria da praça, do conde
Dos navios a vapor
Maria de toda gente
Maria de todo amor
Maria de cada igreja
De azulejos, de alfaias
Redomas, lindos altares
Do museu, do paraíso.

Maria da nossa infância
Dos carros de boi
Dos bondes que nos levavam
A passear pelos trilhos
Os dois burrinhos na frente.

Maria de cada casa
E de todos os caminhos
Roga por nossa Terra
Por aqueles que, sem terra,
Lutam pra não morrer.

Maria das folhas, das flores
Das sementes, dos espinhos

Maria das canas doces
Dos alambiques, do mel
Dos cajus, dos araçás.

Maria do Subaé
De águas tristes pesadas
Maria dos barcos, das canoas
Com velas cheias de vento
Maria de Itapema
Maria de Capanema

Maria das águas claras
Que brincam por sobre os seixos
Lá no rio do Timbó.

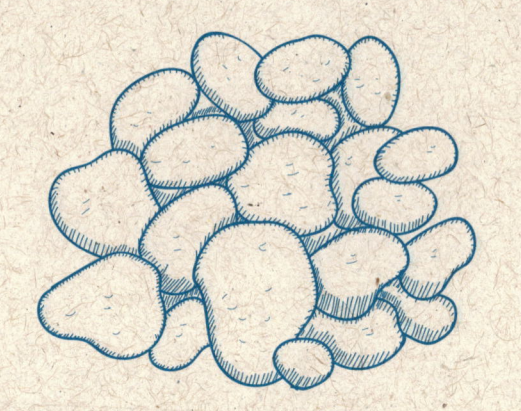

Maria das fontes limpas
Da Pedra e da Oliveira
Fonte de Oiti e do Brejo
Maria das cachoeiras do Urubu
Da Vitória.

Dos dendezeiros bonitos
Que enfeitam cada caminho.

Maria dos tamarineiros
E do cais de doutor Pinho
Dos manguezais, dos riachos

Nossa Senhora, Nossa Maria,
Ajuda a tudo que peço aqui
Pois tudo é Teu, doce Maria,
O mar azul desta Bahia
O céu azul que não tem fim.

Roga por tudo, que tudo é Teu
Roga por cada coisa, por cada ser
Pelos que cantam, pelos que choram
Os que Te esquecem
Os que Te imploram.

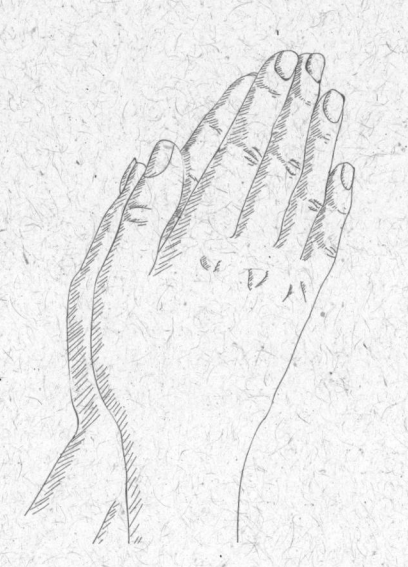

Nossa Senhora, Mãe de Jesus,
Nossa Senhora que é minha Mãe,
Nossa Senhora de todos nós,

LADAINHA

DE NOSSA SENHORA DE SANTO AMARO